André Noltus

Franz Carl Eduard Senz

André Noltus

Franz Carl Eduard Senz
»Sense Eduard«

Edition Schaumberg

1. Auflage, Oktober 2013

2. Auflage, September 2014

Die meisten historischen Bilder stammen von Horst Schwenk,

einige aus dem Stadtarchiv der Kreisstadt Neunkirchen

sowie aus der Sammlung von Ludwig Stockinger.

Die neuen Bilder wurden von der Fotografin Alwine Simon

und von Thomas Störmer realisiert.

Konzept, Gestaltung, Umschlagbilder, Satz: Thomas Störmer

Schrift: Goudy Old Style *(Geschnitten 1915 von Frederic W. Goudy)*

Druck: KernDruck GmbH, Bexbach

Hergestellt im Saarland

ISBN 978-3-941095-20-5

Gewidmet all den Schwachen und Hilflosen, die der Willkürherrschaft der Nazis zum Opfer fielen.

Liebe Leserinnen, liebe Leser,

der in Neunkirchen lebende Autor André Noltus hat es sich zur Aufgabe gemacht, Neunkircher Bürgerinnen und Bürgern kleine verbale Denkmäler zu setzen. Bereits in seinem ersten Werk »*Neunkirchen – Kaufleute, Kunden, Konnexionen*« hat er mehrere Persönlichkeiten und Originale beschrieben und bewahrt damit deren Einzigartigkeit für die Ewigkeit.

Mit dem vorliegenden Buch hat er sich nun eines einfachen Dienstmannes angenommen, dem die Stadt bereits zwar ein bronzenes Denkmal am Hammergraben gesetzt hat. Mit diesem Buch jedoch wird der Person in besonderer Weise wieder Leben eingehaucht, indem Noltus die Geschichte und die Geschichten um den »Sense Eduard« in Erinnerung bringt – inklusive des tragischen Endes. So ist ein empathisches Werk über einen Neunkircher Bürger entstanden, das sehr lesenswert ist.

»Das schönste Denkmal, das ein Mensch bekommen kann, steht in den Herzen seiner Mitmenschen«, so hat es Albert Schweitzer formuliert. In diesem Sinne hoffe ich, dass Eduard Senz durch diese Lektüre noch in vielen Herzen einziehen wird.

Jürgen Fried, Oberbürgermeister
der Kreisstadt Neunkirchen, im Juni 2013

Liebe Leserinnen, liebe Leser,

mittlerweile sind fast siebzig Jahre vergangen, seit das unmenschliche Regime der Nationalsozialisten und ihres Führers Adolf Hitler beendet wurde.

Obwohl zahllose Bücher und Dokumentationen diese Zeit beleuchten, gibt es gerade auf lokaler Ebene Einzelschicksale, die in keinem Geschichtsbuch stehen, die aber auf besondere Weise die gnadenlose Unmenschlichkeit des Nazi-Apparates dokumentieren.

Menschen wie André Noltus, dem Autor des vorliegenden Bandes, ist es zu verdanken, dass auch diese Opfer nicht vergessen werden. Er erzählt uns die Geschichte des Neunkircher Originals Eduard Senz, genannt »Sense Eduard«, der sich als Kofferträger verdingte und aufgrund einer Behinderung von den Nazis als »unwertes Leben« ermordet wurde.

Noltus erweckt Senz zeitweise zum Leben, indem er ihn selbst zu Wort kommen lässt. Eine

Fiktion zwar – aber eine wundervolle.

Darüber hinaus appelliert der Autor an uns alle, wie wichtig es ist, die Grenze zwischen Demokratie und Diktatur zu erkennen und gegen jegliche Verletzung der Menschenwürde, die Willkür aller Diktatoren und die Verachtung des Rechtsstaats einzuschreiten.

Es darf in Deutschland nie wieder eine Abkehr vom menschlichen Anstand geben.

Danke dafür!

Thomas Störmer, Verleger
Edition Schaumberg

Er sitzt in der Mitte des Neunkircher Hammergrabens. Auf einem Koffer sitzt er. Aber, wie er mir versicherte, dagegen protestiere er mit Nachdruck, weil ein Dienstmann sich nie auf einen Koffer setzen würde.

Ich werde in diesem Büchlein versuchen, ein Neunkircher Original, Franz Carl Eduard Senz, sprechen zu lassen. Sprechen mit sich, mit mir, mit dem Bildhauer, der seine Bronze geschaffen hat, mit dem »Großen Baumeister« und mit Ihnen.

Er, Franz Carl Eduard Senz, möchte deutlich machen, wer er war, was ihn gefreut und worunter er gelitten hat. Er will versuchen zu erklären, warum er als »Original« in die Neunkircher Geschichte eingegangen ist und weshalb er, so wie man eine Fliege als »unwertes Leben« zum Fleck auf Fenster oder Wand zurücklässt, behandelt und aus welchem Grund er misshandelt und getötet wurde.

Ich sehe ihn vor mir oder vielmehr vor meinem geistigen Auge als einer, der unser aller Freund hätte sein mögen. Und jetzt stellt sich natürlich die Frage, ob wir ihm dazu wenig Chance gegeben haben? Haben wir uns nicht vergegenwärtigt, dass er schwache Nerven hatte, dass er eventuell unter Depressionen litt und dass er deswegen den ständigen Anfragen an seinen Witz und fortdauernden »Angriffen« auf seinen Sprachfehler, seinen schlürfenden Gang sowie seinen Esel samt Karren nicht gewachsen war?

Wir können diese Frage nicht beantworten, aber vielleicht tragen diese Zeilen dazu bei, ihm etwas näher zu kommen und mit ihm, posthum, unseren Frieden zu schließen. Den Rest wird der »Große Baumeister« ihm und vielleicht auch uns erklären.

Ich bin Franz Carl Eduard Senz und an der Tatsache, dass meine Eltern, Johann Senz und Katharina Senz, geborene Volz, mir drei Vornamen gaben, können Sie ableiten, dass ich eine wichtige Persönlichkeit werden sollte und wie ich jetzt und an anderer Stelle erfahren habe, auch tatsächlich war und noch bin. Übrigens wurde ich am 30. Dezember 1877 in Wiebelskirchen, im jetzigen Saarland, geboren. Mein Vater wurde im Alter von vierzig Jahren Witwer, heiratete am 5. Juni 1875 in zweiter Ehe die Katharina Volz. Sein Vater, also mein Großvater Matthias, kam aus Illingen und meine Großmutter hieß auch Catharina, allerdings vornehm mit »C« und mit Mädchenname Ammann.

Ich wohnte später in Neunkirchen, in der Philippstraße und Johannesstraße.

Rechts oben die Philippstraße, darunter die Johannesstraße 2013

STOP

Um auf meine Wichtigkeit zurückzukommen, die ich mir selbstverständlich nicht nehmen lasse: Ich habe sogar eine grüne Schirmmütze getragen, eine Art Uniformmütze. Darauf stand auf einem Messingschild unter der Klappe: DIENSTMANN 2

Abbildung: Neunkircher Stadtanzeiger, Stockinger

Die Abbildung lässt bei vielen die Vermutung zu, dass er neben Spaß und Witz, ernsthaft über sein Leben nachgedacht haben könnte. Diese Fotografie wird angezweifelt, weil man annimmt, es könnte sich nicht um Eduard Senz handeln.

Vielleicht lässt die nachfolgende Fotografie bei Ihnen die Gewissheit echt oder nicht echt zu.

Links vorne, der Herr mit Hut, Eduard Senz

Abbildung: Fundus Schwenk

Wissen Sie, was ein Dienstmann am Tag zu tun hat?

Wenn Sie auf der Straße Männer mit krummen Rücken sehen, dann sind oder waren das Bergleute, Hüttenarbeiter oder Dienstmänner, weil alle drei schwer zu arbeiten und zu tragen hatten. Ich schleppte Koffer meistens von Männern, die mit ihren Musterkatalogen und Waren wie Knöpfe, Gardinenstoffe, Haushaltskleingeräte Geschäfte besuchten, um diese zu verkaufen. Und diese Vertreter waren nach meiner Ansicht straßenarme Schlucker, denn niemand von ihnen bestellte je ein Taxi, die waren damals sowieso selten oder eine Pferdekutsche, um in die Stadt zu fahren. Oder auch wenn die Herren der »feinen Gesellschaft« von einem Ausflug zurückkamen, »wackelbeinig« aus dem Zug stiegen und »Eduard« riefen, dann musste ich einige Male laufen.

Ich kann Ihnen versichern, dass ich schwer zu tragen hatte.

Ich stand aber nur bei schönem Wetter bei der Uhr oder wenn Sie wollen, und weil es besser klingt, unter der Uhr am Neunkircher Bahnhof. Die steht, wenn ich das richtig von hier gesehen habe, seit längerer Zeit auf 12.00 Uhr. Wenn der Zug einfuhr, wartete ich auf dem Bahnsteig, stellte Koffer für die Abreise hin und bot den aussteigenden Reisenden meine Dienste an. Manchmal ging mir das alles zu schnell, und wenn dann der Bahnhofsvorsteher »Fertig« rief, rief ich noch ein bisschen lauter »Fffertig, aber erst, wenn ich ffffertig sage!« Es war gut, dass man mich kannte, ansonsten hätte ich den ganzen Neunkircher Bahnhof gegen mich aufgebracht!

Diese Anekdote stammt von einem Zeitzeugen, Herrn Ludwig Sutter, geboren 1880 zu Wiebelskirchen, der sie seinem Sohn weiter gab und weil der auch einen Sohn hatte, und wir gestern zusammensaßen, kann ich sie, von ihm, Helmut Sutter erzählt, als »koscher« oder auf Hochdeutsch, »authentisch« anbieten.

Der Neunkircher Bahnhof um 1860 …

… und nach dem Umbau in den 1920er Jahren.

Heute sieht er so aus.

Später habe ich, wenn es regnete, schneite oder einem vor Kälte die Finger abfroren, dort meinen Esel angebunden. Der hat meinen Wagen mit Kohlen, Milch und Koffer gezogen oder, wenn er keine Lust hatte, auch nicht. Bei »Sauwetter« habe ich also Wagen und Esel, Esel und Wagen sein lassen und habe mich in die Vorhalle gestellt.

Es war nicht einfach. Man steht und arbeitet in und für die Öffentlichkeit, und ich fiel besonders auf durch meine schöne Mütze, durch mein Stottern, meine müde Gangart und später, als das Kofferträgergeschäft immer weniger wurde und ich Kohlen und Milch fuhr, durch meinen Karren und den Esel. Man hat mich oft nicht in Ruhe meine Arbeit machen lassen, trieb Schabernack mit mir. Das hat mich zwar nicht gestört, dennoch manchmal traurig gemacht, sodass ich nachts nicht schlafen konnte.

Ach ja, bevor ich es vergesse, ich habe ja erzählt, dass der Esel manchmal keine Lust hatte und sich hartnäckig weigerte, auch noch einen Schritt zu gehen. Das stimmt nicht ganz, denn vom Bahnhof bis zur Bliesbrücke ist er manchmal sogar getrabt.

Abbildung: Die Hüttenbergstraße mit der Marienkirche um 1940

Gaststätte

Aber dann, o je, stand er unten am Hüttenberg, schaute hoch, seufzte, blieb mitten im Weg stehen, und war weder mit Schimpfen, noch mit Beten zu bewegen, auch nur einen einzigen Schritt weiter zu gehen. Die Leute blieben dann stehen, um zu sehen, wie das weiter gehen sollte. »Eduard«, hat einer gesagt, »geh mal zum Apotheker, der gibt deinem Esel etwas, damit er wieder läuft.« Es hat tatsächlich geklappt, und deshalb habe ich gefragt, ob er mir auch so was geben könne.

Und das erzählen sich die Neunkircher Leute noch heute.

Ein anderes Mal, es war im Winter und kalt, die Straße war schneebedeckt, hat er vor der Marienkirche nicht mehr gewollt. Schlimmer noch, er hat vorm Eingang gekniet, als ob er den lieben Gott um Hilfe hätte bitten wollen und das mitten in der Woche! »Es ist doch nicht Sonntag«, habe ich geschrien, »ich werde dir den Quatsch und auch noch am Mittwoch ein für alle Mal austreiben!«

Herr Pastor hat mit einer Karotte ausgeholfen.

Abbildung: Das Portal der Marienkirche

SPONSA MEA CORONABERIS

Wenn die Leute mir Streiche spielen wollten und sich über mich lustig machten, habe ich mich natürlich gewehrt. Ich machte meine Sprachschwäche zur Waffe. Zur Waffe gegen die »feine Gesellschaft«, den rotgesichtigen, schnapsgefüllten Metzger und seine Freunde, das Publikum an der Straße, wenn ich meine Schwierigkeiten mit Esel und Wagen hatte, und das sich schon im Vorfeld über mein Erscheinen freute. »Mit dem werden wir wieder unseren Spaß haben!« Und fortan habe ich mich mit Worten und Witzen, mit Geschichten und Anekdötchen gewehrt, manchmal auch ein bisschen laut, denn nicht alle waren immer nett zu mir.

»Der hat nicht alle Tassen im Schrank«, sagten dann die einen. »Er hat eine Schraube locker!«, schimpften die anderen. Und wiederum andere meinten, ich hätte eine Macke.

»Männer weinen nicht«, meinte mein Vater, als ich ihm in jungen Jahren mit Tränen in den Augen davon erzählte, »und mach dir nichts daraus!«

Er hatte gut reden, mein Vater, er steckte tagsüber in der Grube und dort wurde sehr wenig gesprochen, weil man, wie er öfter erzählte, im Stollen durch die

Abbildung: Ältere Aufnahme einer Kneipe an der oberen Bahnhofstraße

Nase atmet, um eine Staublunge zu verhindern.

Ich glaube, dass meine Mutter es verstanden hat. Sie sprach wenig, darum habe ich mit ihr nicht oft darüber gesprochen, obwohl ich es gerne öfter getan hätte. Sie war dann hinterher noch trauriger als ich.

Und Freunde? – Nein, echte Freunde hatte ich kaum, weil man hinter meinem Rücken Dinge über mich erzählte, die, so wie man sie darstellte, überhaupt nicht gestimmt haben.

Ich erzähle später mehr, ich bin müde und es ist schon spät.

Das Geburtsregister des Standesamtes der Stadt Ottweiler aus dem Jahr 1877 erzählt unter der Nummer 290 in exakter Schreibschrift von der Geburt eines Kindes männlichen Geschlechts aus der Ehe des Johann Senz und der Catharina, geborene Volz, welches die Vornamen »Franz Carl Eduard« erhalten habe.

Womit bewiesen wäre, dass es mich tatsächlich gegeben hat, denn auf die Behörden ist Verlass, auch wenn manche Sachen ein bisschen länger dauern.

Abbildung: Auszug aus dem Geburtsregister

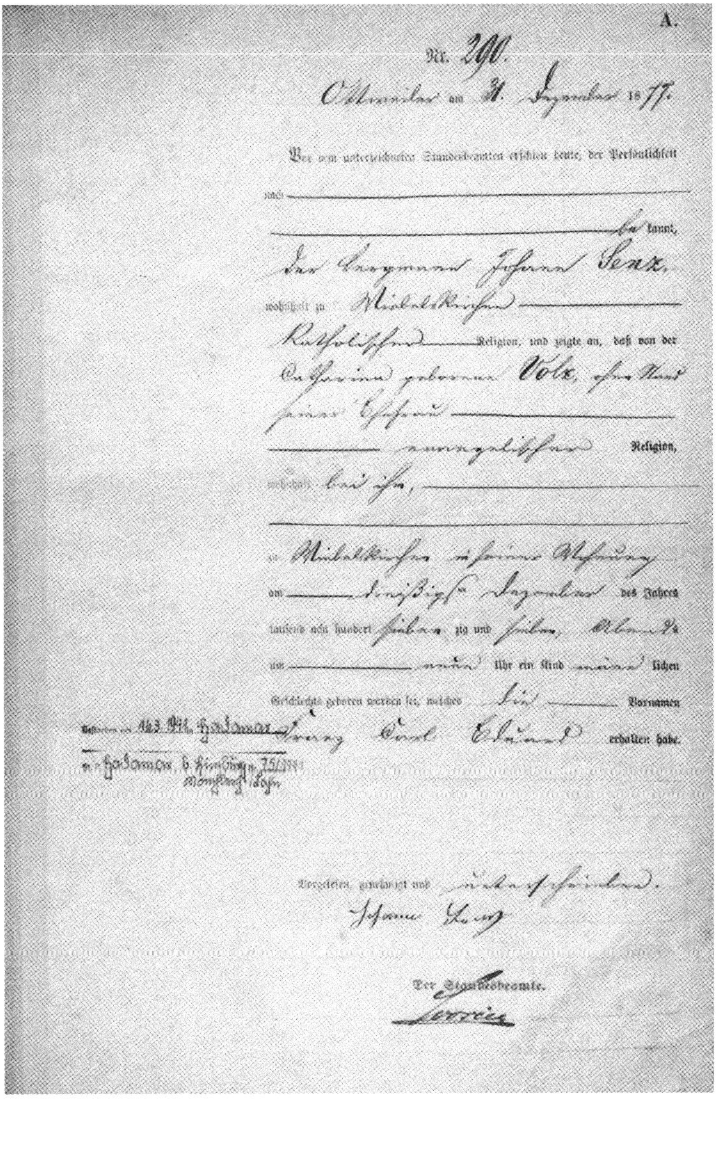

A.

Nr. 290.

Ottweiler am 31. Dezember 1877.

Vor dem unterzeichneten Standesbeamten erschien heute, der Persönlichkeit nach — bekannt,

der Bergmann Johann Senz,

wohnhaft zu Niederkirchen —

katholischer — Religion, und zeigte an, daß von der

Catharina geborene Volz, ehefrau seiner Ehefrau —

— evangelischer Religion,

wohnhaft bei ihm, —

zu Niederkirchen in seiner Wohnung

am — dreißigsten Dezember des Jahres

tausend acht hundert siebenzig und sieben, Abends

um — neun Uhr ein Kind männlichen

Geschlechts geboren worden sei, welches die — Vornamen

Franz Carl Eduard erhalten habe.

Gestorben am 16.3.1941 in Hadamar [illegible] Hadamar b. Limburg Nr. 75/1941 [illegible]

Vorgelesen, genehmigt und unterschrieben.

Johann Senz

Der Standesbeamte.

[illegible]

Die alten Neunkircher beschreiben Eduard Senz, im Volksmund »Sense Eduard«, als stotternden Menschen, der fast immer versuchte, die Haltung zu wahren, was ihm bei den vielen »Angriffen«, Witzen und Streichen mit und über ihn manchmal schwergefallen sein könnte.

Der Heimatforscher Bernhard Krajewski beschreibt ihn in seinen »Erinnerungen an ein Neunkircher Original«, Zitat: *»Behaftet mit einem Sprachfehler, er stotterte etwas, und einem merkwürdig schlürfenden Gang, machte er den Eindruck, als könne er nicht bis drei zählen. Doch das war Täuschung. Er besaß eine gewisse Bauernschläue, war freundlich, niemals zornig-frech oder gar ausfallend, und wer ihn auf die Schippe nehmen wollte, dem gab er es zurück auf seine Art«.*

Das Stottern hat mich mein Leben lang begleitet. Nein, gewiss nicht als Freund, sondern als Hindernis. Sie kennen ja die Geschichte der drei Männer, die sich im Zug gegenübersitzen. Einer fragt, »kkkönnen Sie mmmir sagen, wie sspät es ist?« Er bekommt keine Antwort. Als der Stotterer am nächsten Bahnhof aussteigt, fragt der Dritte, warum er dem Mann keine

Antwort gegeben hat. »Hhhaben Ssie gessehen, wie groß und sstark der war?«

Bei mir hat man nur hinter meinem Rücken gegrinst, aber trotz meines Sprachfehlers habe ich es den Leuten, die sich auf meine Kosten lustig machen wollten, ordentlich zurückgegeben. Wie dem dicken, rotgesichtigen Metzgermeister, der mit seiner Gesellschaft in einer Wirtschaft am Hüttenberg dem Schnaps und Bier ordentlich zusprach. Ich bin da hinein, weil ich Durst hatte, da wollte der Metzger mir einen ausgeben. Das habe ich mir nicht zweimal sagen lassen und setzte mich mit an den Stammtisch. »Hör mal, Eduard«, fing er das Gespräch an und schaute in die Runde, als ob er sagen wollte, »Leute, passt auf, ich nehme ihn auf die Schippe!« »Eduard, ich habe gehört, du wärest so ein richtiger Casanova.« Was antwortet man darauf? Ich hab »Ja, ja …« gesagt und mein Bier ausgetrunken. Er gab keine Ruhe, gab mir noch ein Bier und bohrte weiter: »Hör mal Eduard, eine Frau, die ich ganz gut kenne, hat mir erzählt, dass, seit sie dich kennt, ganz närrisch auf dich wäre!« Ich habe das zweite Bier ausgetrunken, den Schaum vom Mund gewischt und gesagt: »Mein lieber Metzger, dann gehst du nachher nach Hause und sagst deiner Frau, dass sie eine alte Ratsch ist, weil man über solche Dinge nicht redet.«

Die Runde hat gelacht, der Metzger auch, aber wie einer mit Zahnschmerzen.

Abbildung: Altes Bild einer Kneipe am Hüttenberg

Gehen Sie, wohin Sie wollen, in Stadt und Dorf, in Straße, Gasse, Kirche oder Kneipe, Sie finden überall Originale, Typen, Clowns, Kofferträger oder Musiker, die es wert sind, in Büchern, Geschichten, Zeitungen und Zeitschriften festgehalten zu werden. Heute schaut man sich die »gezüchteten« Clowns und »studierten« Originale im Fernsehen an, interessiert sich nur noch für den Computer oder geht in die Kneipe in der Hoffnung, unter seinen Trinkkumpanen einen Typen zu finden, mit dem man seine Späße treiben kann. Der Franz Carl Eduard Senz war so einer. Nein, kein gezüchteter Clown, kein studiertes Original.

Ich erzählte ja über Ausnahmeerscheinungen in jedem Flecken der Welt, die heute durch die Kurzatmigkeit der Zeit, das Jagen nach Karriere, Geld, Arbeit, etc. völlig unbeachtet zu bleiben drohen. Was für ein Verlust wäre das und was für ein Reichtum ist es, wenn man historische Vereine wie in Neunkirchen hat, die mit allem Einsatz, mit jahrelangen Recherchen, mit Kosten und Seen von Zeit, mit Präzision und Ausdauer die Vergangenheit und somit auch die Originale der Stadt aufbewahren wollen.

Ohne sie hätte man mich längst vergessen, meinen Sie? Na ja, würde nicht Kaiser Wilhelm längst vergessen sein, hätte der nicht Deutschland in den Ersten Weltkrieg geschickt? Hätte man nicht Otto von Bismarck ebenso wenig im Kopf behalten, würden nicht alle Journalisten und Journalistinnen Deutschlands ständig in Artikeln und Feuilletons auf ihn hingewiesen haben? Glauben Sie nun aber nicht, dass ich mich mit Kaiser Wilhelm und Otto von Bismarck, Friedrich Ebert oder Paul von Hindenburg auf eine Linie stellen möchte, die ich übrigens alle nicht kennengelernt habe, nicht einmal aus der Zeitung, weil ich die seltener las. Aber mich wichtige Person vergessen?

Und hören Sie mal, Schreiber, machen Sie mich bitte nicht schlauer, als ich jemals hätte sein können. Solches steht mir, armem Kofferträger, Milchtransporteur und Kohlenschaufler nicht zu Gesicht. Damit meine ich die Worte, Begriffe und Personen, die Sie mir in den Mund legen.

»Ich bitte um Verzeihung, Herr Senz!«

Sie können mich gerne Eduard nennen, denn bis jetzt habe ich mich im Großen und Ganzen wiedererkannt in der Art, wie Sie über mich schreiben.

»Wenn das ein Kompliment sein sollte, bedanke ich mich.«

Nein, kein Kompliment, nur eine Feststellung, so wie ich eines Tages feststellte, dass manche Menschen und vor allem Polizisten kein Feingefühl besitzen. Ich hatte eine Mark verloren und suchte in der Dunkelheit danach. Ohne Erfolg, denn die Stadt und ihre Straßen sind groß, und es sind viele Diebe unterwegs, die alles, was sie finden, für sich behalten. In der Ferne näherte sich ein Polizist, und ich verlegte mein Suchrevier unter eine Laterne.

»Eduard«, fragte der Beamte, »Eduard, was suchst du?« »Ich habe ein Markstück verloren.« »Wo genau hast du das verloren?« »Na ja, dort hinten, wo es so dunkel ist.« »Himmelreich«, wunderte sich der Mann des Gesetzes, »warum suchst du denn hier?« «Na ja, hier ist es heller!« Anstatt mir eine Mark zu geben, ist er kopfschüttelnd und völlig ohne das ersehnte Mitgefühl gegangen!

Ein Blick auf eines der seltenen von ihm gemachten Bilder (Seite 15) lässt trotz seiner Sprachbehinderung und der Witze, die über ihn erzählt wurden und noch werden, Rückschlüsse zu auf mehr als Bauernschläue. Er kannte die

Menschen. Die, die ihn quälten und auf seine Kosten Streiche und Witze machten und die, die ihm wohl gesonnen waren. Viele Anekdoten und Geschichten, die heute noch im Umlauf sind, sind nicht authentisch, sondern wurden ihm später angedichtet, in den Mund gelegt. Ihm in seiner ganzen Persönlichkeit gerecht zu werden, ist nur zu einem kleinen Teil möglich und wenn, sollte man sich bemühen, das würdig zu tun.

Eines Tages, es war in den 1990er Jahren und lange nach seinem Tod, entschloss sich die Stadt Neunkirchen, dieser Ausnahmeerscheinung in der menschlichen Landschaft ein Denkmal zu setzen, ein Denkmal als Mahnmal. Aber wenn ganze Generationen nicht mehr wissen, was damals geschehen ist, kann man mahnen, wie man will, das Ganze bleibt nichtsdestoweniger wie Brot ohne Butter, Würstchen ohne Senf. Sie haben vielleicht bei seiner Bronze gestanden, haben ihn angeschaut und entdeckten die Bronzeplatte mit dem Ende seiner Geschichte und somit wissen Sie, dass er ein Opfer des nationalsozialistischen Regimes wurde. Mit ihm wurden das viele Tausende ohne jeglichen Prozess.

1883 wurde in Hadamar, einer wunderschönen Stadt in Hessen, eine Besserungsanstalt errichtet. 1906 wurde sie Landesheilanstalt, wie es sie damals schon in Merzig gab. Als der Zweite Weltkrieg begann, wurde sie Reservelazarett der Wehrmacht. Ende 1940 baute man dieses, auf Betreiben der »T4«-Zentrale, um, und installierte eine Gaskammer, einen Sezierraum, zwei Verbrennungsöfen sowie eine Busgarage. T 4 – das war ein Tarnbegriff, ein geheimes Kürzel (entstanden aus der Adresse der Zentrale in der Tiergartenstraße 4 in Berlin), hinter dem sich eines der übelsten Verbrechen des Nazi-Regimes verbarg. Aus der NS-Zeit hat sich dafür der schönfärberische Begriff »Euthanasie« erhalten, doch handelte es sich in Wahrheit um den ersten systematischen Massenmord, verübt an Kranken und Behinderten. Mehr als 120.000 Menschen, manche Schätzungen gehen sogar bis 200.000, wurden in Gaskammern, durch Spritzen oder eine Überdosis Medikamente umgebracht, weil sie missgebildet, unheilbar krank oder geistig behindert waren. Von den Nazis wurden sie als »Ballastexistenzen«, als »leere Menschenhülsen« oder »unnütze Esser« diffamiert, deren Pflege und Versorgung die Gemeinschaft nur unnötig finanziell belaste. Im Oktober 1939 begann man, sie systematisch in Tötungsanstalten zu verlegen und auszurotten.

Grau gestrichene Busse holten die Kranken aus den sogenannten Zwischenanstalten, unter anderen auch aus Herborn. Nach Ankunft fuhren die Fahrzeuge in die verschlossene Busgarage. Man ließ die »Reisenden« aussteigen, um sie zuerst, und wie Schweine und Kühe zur Fleischbeschau, dem Arzt vorzuführen, der anhand der mitgeschickten Patientenaufzeichnungen eine, für die Angehörigen und die später auszustellende Sterbeurkunde, »natürliche« Todesursache bestimmte. Anschließend wurden sie zum »Duschraum« geschickt.

Abbildung: Bronze des Eduard Senz am Hammergraben vor der Sparkasse Neunkirchen

Diese Nationalsozialisten habe ich, vor allem im letzten Jahr in Herborn, nicht gern gehabt. Es waren Schreihälse, die schon brüllten wie die Ochsen, wenn ich mein rechtes Auge zukniff und sie anlächelte. Man konnte sich nichts erlauben, oder man hat schon im Gefängnis gesessen. Ich hab mit einem gesprochen, der später zu uns nach »oben« kam, und der hat erzählt, wie er damals seine Ware angepriesen hat: »Butter, Eier, Käs' und Hering, so dick wie Göring.« Die NS hat ihn eingebuchtet. Er wurde aber nach einigen Tagen wieder freigelassen und fortan hieß es: »Eier, Butter, Käse und Hering, so dick wie vor drei Tagen!«

Ich hab es gesehen, das Bild, die Bronze von mir. Da muss ich einen guten Tag gehabt haben, denn ich sehe ganz sommerlich-freundlich-neugierig aus. Nur, auf einen Koffer habe ich mich nie gesetzt, wo denken Sie hin! Ich war Dienstmann, und Dienstmänner schleppen Koffer und setzen sich niemals darauf!

Die Sachen mit mir, mit den Witzen und Streichen, die man über mich erzählte und solche, die man mir spielte, sind mit den Jahren Selbstläufer geworden. Ich hab natürlich auch selbst Schuld. Eulenspiegel soll einmal gesagt haben, die Menschen mögen mich nicht, aber ich habe es danach gemacht. Mich »mochten«

sie, aber auf eine Art und Weise, die mich langsam, aber sicher härter und trauriger gemacht, nach unten gezogen oder um es noch deutlicher zu sagen, in den Wahn(sinn) getrieben hat. Ich habe schon früh gewusst und gefühlt, dass ich anders als alle anderen bin, und habe mich mit Händen und Füßen – nur im übertragenen Sinne – dagegen gewehrt, wenn die anderen mir das zu deutlich zu machen versuchten. Gewehrt habe ich mich in Wirklichkeit mit Worten, sei es auch stotternd. Im Laufe der Zeit habe ich darin Übung bekommen und wusste mich immer gegen die sogenannten Angriffe zu wehren. Weder der Angriff noch die Verteidigung waren mir angenehm, aber ich konnte damit zeitweilig leben. Als die Nationalsozialisten dann – ich war da schon lange in Merzig – die Oberhand bekamen, wurde es immer schwieriger, weil die über meine Antworten nicht mehr lachen konnten oder wollten und dementsprechend reagierten.

Aber bevor ich anfange zu grübeln, kann ich noch eine kleine Geschichte aus meiner Zeit davor erzählen: Man verlängerte das Straßenbahnschienennetz nach Wiebelskirchen. Es musste unter der Eisenbahnbrücke am Güterbahnhof hindurch verlegt werden. Es gab große Erdarbeiten und links und rechts lagen Berge *an Sand und Steinen. Ich kam vom Oberen Markt und wollte einmal sehen, wie weit man gekommen sei. »Ich möchte wissen«, sagte einer der Arbeiter, »ich möchte wissen, was wir mit all dem Sand und den Steinen machen!« »Ich glaube, ich habe eine Lösung«, sagte ich, »man gräbt ein Loch und schmeißt alles hinein.« Er hat nicht einmal gelacht.*

Tatsächlich bekommt man mit der Zeit und mit den fortschreitenden Recherchen den Eindruck, dass die Quälgeister, also die, die ihn nicht in Ruhe ließen, aber auch viel später die Nationalsozialisten, den alles entscheidenden Einfluss auf dessen Leben und die Letzteren auf das Ende des Franz Carl Eduard Senz gehabt haben.

Ich will aber nicht vorgreifen, denn einige Seiten vorher habe ich erzählt über das Denkmal, das man ihm setzte und darüber möchte ich mich mit dem Schöpfer dieses Kunstwerkes unterhalten.

Sagen Sie ihm aber noch einmal, wie sehr ich mich gefreut habe, dass er meinen Vorschlag, ein fröhliches Bild von mir zu machen, angenommen hat, aber auch, dass ich mich nie auf einen Koffer gesetzt habe und es auch nie tun würde, so was!

Es hat, erzählt Bildhauer und Kunstmaler Werner Schorr, es hat viel Hickhack um das Denkmal des »Sense Eduard« gegeben. Aber wenn man bedenkt, dass es um alles in der Politik – seien es kleine oder große Dinge – Gezeter, Gezerre und Hickhack gibt, sollten wir uns darüber heute nicht mehr allzu sehr aufregen. Werner Schorr hatte, als noch überhaupt keine Rede von einer Bronzestatue des Eduard Senz war, einen Entwurf gemacht, der den Austritt aus der Neunkircher Eisen- und Stahlzeit symbolisieren sollte: zwei Mauern aus rostigem Stahl, von hinten nach vorne immer enger werdend, und an der engsten Stelle befreit sich eine unbekleidete, männliche Figur aus dem bedrückend schmal werdenden Ausgang. Gerd Meiser, Redakteur der Saarbrücker Zeitung, sieht den Entwurf und berichtet im engsten Kreise begeistert darüber. Der damalige erste Mann der Stadt, OB Friedrich Decker, ist angetan, aber ein Amtsleiter widerspricht, weil er andere Pläne hat. Die Fronten verhärten sich, nichtsdestoweniger werden vonseiten Schorrs bereits weitere Entwürfe gemacht.

Wir werden ihm, Eduard Senz, »Sense Eduard«, ein Denkmal setzen, als Original der Stadt Neunkirchen, aber auch und nicht zuletzt stellvertretend für alle Euthanasie-Opfer des NS-Regimes.

Decker und Schorr sind dafür, einer ist, warum auch immer, dagegen. Es wird gesprochen über Grauguss und Bronze, minderwertiges und edles Metall, Ort und Stelle und natürlich über Preise. Man verhandelte weiter auf »höchster Ebene« und

der Künstler zeigte einen Gipsentwurf mit einem stehenden »Eduard«, der, zum Zwecke eines Dialogs mit Herrn von Stumm, auf den Stummplatz und dem Herrn Großindustriellen gegenüber aufgestellt werden sollte.

Er hat mich stehend auf einem Koffer dargestellt und hier muss ich noch ernster protestieren als gegen die Tatsache, dass ich im Hammergraben auf einem Koffer sitze! Und außerdem, was sollte ich, darüber hinaus noch stotternd, gegen diesen Herrn im Dialog ausrichten? Richtig, nichts! Also ließ man diesen Plan auch fallen!

Und dann erklärte der Künstler, dass er nicht nur eine bleibende Beziehung zwischen ihm und mir, sondern auch und nicht zuletzt mit den Menschen Neunkirchens bewerkstelligen möchte.

OB Decker willigte begeistert ein, während einer, wie gehabt, wieder dagegen war. Es wurde abermals »gehickhackt«, die Fetzen flogen und die politischen Funken sprühten. Dieses Mal war der dritte Mann unterlegen.

Schorr arbeitete insgesamt sechzehn Monate an dem Gipsmodell. Nach dessen Fertigstellung wurde es in die Süßener Gießerei Strassacker geschickt, wo der Künstler nach dem Guss noch einmal lange mit Schleif- und Polierarbeiten an der fertigen Bronze zu tun hatte.

Seitdem hat Neunkirchen ein schönes und eindringliches Denkmal, das zum Nachdenken, Trauern, Freuen und Staunen über die Lebendigkeit und die Aussagekraft auffordert.

Er, Schorr, hat versucht, mich kennenzulernen, eine Beziehung zu mir aufzubauen, indem er lange darüber nachdachte, wie ich und er, wir beide, uns mein Aussehen würden vorstellen können. Ich habe ihm viele Male eingeflüstert, mir ein fröhliches Gesicht zu machen. Ich war schließlich lange genug traurig und deprimiert. Manchmal haben wir richtig Spaß daran gehabt! Am Anfang habe ich mich nicht getraut, weil ich fürchtete, ihn zu sehr beeinflussen zu können, wollte ich doch ein zu schönes Bild von mir. Dreiundzwanzig Entwürfe hat er gemacht. Stellen Sie sich das einmal vor, in Ihrem Garten, dreiundzwanzig Gartenzwerge und daraus den richtigen aussuchen zu müssen! Manchmal hat er wütend Hässliches gesagt und wieder neu angefangen. Es hat mich richtig gerührt, wenn er nachts in seiner Werkstatt herumspazierte und sich überlegte, wie er mit seinem Bild das, was man mir angetan hat, wieder gutmachen könnte. Ich wollte mich einmal ohne Mütze sehen, weil die Fotografie, die mich zeigt und von dem manch einer glaubt, ich sei es nicht, eine mit Mütze ist. Ich habe es ihm nahe gelegt, fast aufgezwungen, und er machte mich ohne Mütze. Während seiner Arbeit kamen manchmal Kontrolleure vom Rathaus, um sich über »meine Fortschritte« zu informieren und sahen meinen »unbemützten« Kopf und meinen glatten Schädel. «Nein, nein«, schüttelten sie entrüstet ihre Köpfe, »nein, nein, das geht nicht!« Sie waren überhaupt nicht einverstanden.

Also setzte Schorr mir beim nächsten Besuch der Herren meine Mütze auf, um sie sofort wieder wegzunehmen, wenn sie die Tür seiner Werkstatt hinter sich zu machten. Und dann hat er mich in die Gießerei geschickt, ohne Kopfbedeckung, die er auf den Koffer legte, auf den ich mich nie gesetzt hätte! Er wollte unbedingt die militärische Strenge der Mütze umgehen und ich meinem Kopf endlich Luft verschaffen.

In fünf Teilen haben die in der Gießerei mein Gipsmodell gesägt, die einzelnen Stücke gegossen und mich dann zusammengesetzt. Schorr hat mich tagelang und in der Süßener Werkstatt geschliffen, poliert und gestreichelt. Zusammen haben wir vor einem Spiegel gestanden, na ja, ich gesessen, und ich fand mich schöner als ich je in Wirklichkeit war.

Wohin mit mir? Das war die große Frage, nachdem ich, 450 Kilogramm schwer, heimischen Boden erreichte. Ich glaube nicht, dass ich mir einen Platz erhofft oder erwünscht habe. Ich bin aber froh, dass ich dort sitze, wo man mich jetzt platziert hat. Sie können sich nicht vorstellen, was ich dort alles erfahre über die Menschen, die mir liebevoll den Kopf streicheln, über diejenigen, die voller Mitleid und aufgrund der Inschrift auf der Bronzeplatte mit dem Ort und Datum meines erzwungenen Todes den Kopf schütteln, über die Schmierfinken, die mir einen »neuen Anstrich« verpassen mögen, weil sie politisch fehlgeleitet sind und/oder mich für einen Juden halten. Gestern kam eine Dame aus Café Löwe und hat mit mir gesprochen. »Ich hätte Sie gerne kennengelernt«, sagte sie, »ich bin Psychotherapeutin und hätte eventuell etwas für Sie tun können.« Ich hätte ein Taschentuch gebrauchen können.

Abbildung oben: Das Café Löwe am Hammergraben

Abbildung rechts: Der Künstler und Bildhauer Werner Schorr

Abbildungen nächste Seiten: Eduard Senz, stehend auf dem Koffer, Freiherr Carl Ferdinand von Stumm-Halberg

BOSS
HUGO BOSS

Und ich? Ich bin Ihnen, Werner Schorr und Fritz Decker dankbar. Sie sind es, die mich inmitten der Neunkircher platziert haben. Können Sie sich vorstellen, wie gut es tut, nachdem man jahrelang, von 1923 bis 1941, in Kliniken hat verbringen müssen, von 1994 bis jetzt zwischen Menschen zu sitzen und ungeniert zuhören zu können, was die sich zu erzählen haben? Natürlich ist eine Menge Nonsens darunter, aber lieber manchmal Unsinn, als immer Schweigen rundum.

Neulich erzählten sich zwei Männer Geschichtchen, die ich verbrochen haben sollte. Ich wäre mit dem Zug von Saarbrücken gekommen und musste durch den ganzen Zug gehen, um einen Platz zu finden. Als ich dann in Neunkirchen ausgestiegen bin, habe ich meine Fahrkarte nicht abgeben wollen, weil ich nicht gefahren sei, nur gelaufen. Ist natürlich Unsinn, weil die Züge damals noch überhaupt nicht durchgehend waren.

Oder die Frau, die ihrer Nachbarin, beide am Tisch von Café Löwe, erzählte, wie ich kurz nach dem Ersten Weltkrieg vor Hotel Halberg, an der Bliesbrücke, gestanden hätte. Da war ich übrigens öfters, aber bei dieser Erzählung habe ich spitze Ohren gekriegt, erzählte doch die Frau, wie ein französischer Offizier mich fragte, wo der Eingang des Hotels sei und ich, stolz auf meine Französischkenntnisse, ihn auf das Schild, Entrée' als Eingang hingewiesen hätte. Als ob wir nicht seit fast einem Jahr die französische Besatzung erlitten und dabei eine Menge Französisch gelernt hätten. Und außerdem, wie sturzbetrunken muss der Franzose gewesen sein, um diese Eingangstür zu übersehen? Ich erinnere mich wohl, als ich einmal zwei Koffer ins Hotel gebracht hatte, dass mich ein frisch einquartierter Franzose in einem der Flure nach dem »Sortie« fragte. Da habe ich ihm erzählt, wo der Ausgang sei und dass auf dieser Türe »Fermez la porte, s. v. p.« stehe.

Abbildung: Hotel Halberg

Sowieso war und ist unser Umgang mit dem »Etwas-Anderen« nicht immer von Liebe und Verständnis geprägt. Ich, der Schreiber, erinnere mich an meine Schulzeit, ich muss etwa neun Jahre alt gewesen sein. Es gab da einen Mitschüler namens August, der durch eine dicke, fast immer beschlagene Brille sowie eine auffällige Gangart – er schlenkerte bei jedem Schritt mit Armen und Beinen – auffiel und mit dem im Schulischen kein Land zu besegeln war. Eines Tages gab ihm ein Mitschüler eine scherzhaft gemeinte Ohrfeige (gibt es das?) und August streckte beide Zeigefinger in die Luft, machte drei, vier kleine Luftsprünge und sang »Pardon, Pardon, Pardon«. Das war für einige »Nachfolger« das Signal, es auch mal mit dem Jungen zu versuchen, also klang es nach jeder Ohrfeige »Pardon, Pardon, Pardon«. Als aber der Fünfte den Schlag zu stark ansetzte, liefen dem armen August die Tränen über die Wangen, schrie er laut und erbärmlich. Ich schäme mich noch heute, dass ich nichts tat, um ihm zu helfen, beizustehen. Feigheit? Überlebensangst? Die Großen hätten mich unter Umständen vermöbelt. Aber auch nach vielen Jahren ist das Schuldgefühl noch da. Ich habe zugesehen und nichts getan.

Und dann kam der Anfang vom Ende. Nein, nicht sofort, sondern dieses Ende hat sich noch achtzehn Jahre hingezogen. Wir schreiben das Jahr 1923. Die Wirren in meinem Kopf werden immer größer, Angstzustände, Panikattacken, unbegreifliche Wahnvorstellungen, ein ständiges Pochen in meinem Kopf und große Traurigkeit. Ich komme nicht mehr mit meinem Alltag zurecht, ich möchte aus dem Fenster springen, schreien. Ich muss auf nicht gestellte Fragen eine Antwort finden. Ich gehe zum wiederholten Male zum Arzt. »Eduard«, sagt er, »ich schicke dich in Kur. Willst du, dass jemand dich abholt?« Ich verneine.

Ich bin morgens ganz früh in den Zug gestiegen. Meine Koffer waren schwer, denn ich habe alle Reste an sauberer Kleidung, die ich im Schrank noch habe finden können, hineingepackt. Der Weg hinauf zum Bahnhof bringt mich außer Atem. Niemand steht unter der Uhr, mein Platz ist verwaist. Ich geh auf den Bahnsteig, der Zug fährt ein und der Rauch der Lokomotive lässt mich den keuchenden Mund schließen. Ich muss an meinen Vater denken, »atme durch die Nase, sonst bekommst du Staublungen.« Einige Waggontüren klappen auf und müde Gestalten steigen aus. Zweimal gibt der Maschinist das gellende Signal. Dieses Mal klingt es mir schauderhaft in die Ohren. Zum letzten Mal sehe ich den Rauch des Eisenwerkes, die Glut der Hochöfen. Noch einmal erklingt schrill das Signal der Dampflok. Die Hügel rundum spielen mit dem Echo. Ich verlasse Neunkirchen, den Ort meiner Quälgeister und der Freunde. Ich war nie allein, aber fürchterlich einsam. Ich habe Neunkirchen nie wieder gesehen.

Eduard Senz ist einer der wenigen Patienten, der sechzehn Jahre in der Merziger Anstalt verblieb, die 1939 aufgrund des Krieges geschlossen und zum Lazarett umfunktioniert wurde. Etwa 800 Patienten wurden damals weggebracht, von denen nur 80 überlebten und zwei Zeugnis des Erlebten ablegen konnten (Ausstellung im Speicher des historischen und unter Denkmalschutz stehenden Haupthauses des Merziger Krankenhauses).

Die Gebühren für die Unterbringung des Eduard Senz, der vom Anfang bis zum Ende seines Aufenthaltes einen blauen Anzug mit rotem Kragen als Anstaltskleidung getragen hat, wurden vom sogenannten »Landarmenverband« übernommen. Hinter seinem Namen stehen im Aufnahmeprotokoll alle für die Anstalt wichtigen Daten, unter anderem die III, welche seine Unterbringungsklasse wiedergab.

Während seines Aufenthaltes hat einer seiner Brüder ein Gesuch an die Anstaltsleitung geschickt, in dem er in gestochener Sütterlinschrift – das ist eine wunderschöne, aber schwierige Schreibschrift, die von dem deutschen Pädagogen und Grafiker Ludwig Sütterlin geschaffen, und die in den Jahren 1935–41 als »Deutsche Schreibschrift« apostrophiert wurde – darum bat, seinen Bruder abholen und bei sich unterbringen zu dürfen. Diese Bitte wurde wegen des bedenklichen Zustandes des Eduard Senz, zunehmende Wahnvorstellungen und Panikattacken, abgelehnt.

Im Übrigen wurde ihm vonseiten der Ärzte und der Pfleger bescheinigt, gefällig und nicht zanksüchtig zu sein.

Abbildung: Das Neunkircher Eisenwerk

Vielleicht ist es ihm nicht einmal bewusst geworden, wie isolierend die Wirkung seines Erscheinungsbildes, seiner sprichwörtlich gewordenen, dennoch stotternden Schlagfertigkeit, seines auffallend schlürfenden Ganges gewesen sein könnte. Damals wie heute ist die Gefühllosigkeit der Gesellschaft gegenüber solchen Außenseitern unübersehbar, wenn auch weniger laut. Und trotz der vielen psychiatrischen Einrichtungen und geschützten Werkstätten, ungeachtet des staatlich verordneten und gesetzlich verbrieften Schutzes für Menschen mit geistigen Handicaps, sind und bleiben diese weitgehend isoliert. War früher die Medizin noch relativ hilflos, wenn es darum ging, einen, zum Beispiel manisch-depressiven Menschen erfolgreich zu therapieren, hat man zu Zeiten des NS-Regimes weder irgendwelche Rücksichten genommen, noch irgendeine Form des menschlichen Mitgefühls walten lassen. »Euthanasie« nannten der »Führer« und seine Offiziere, die »Ärzte« und Teile des Pflegepersonals in den vielen Kliniken das Töten der psychisch Leidenden mittels Gas, Verhungern, »notwendiger« Operationen oder sonstiger Grausamkeiten. Sie wurden deshalb getötet, weil diese Unmenschen sie als »unwertes Leben« bezeichneten und sie im Falle einer Fortpflanzung die »deutsche Rasse« schädigen würden.

Eduard Senz besuchte die Volksschule, musste im Laufe von acht Jahren zwei Mal eine Klasse wiederholen, wurde als Achtzehnjähriger wegen Trunksucht von der Grube entlassen. Später und

nach dem »durch ihn verschuldeten« Tod seiner Mutter durch Rauchvergiftung im Jahre 1921, wurde er wegen »Vagabundierens« vom Arzt nach Merzig geschickt.

Ich weiß nicht, ob ich noch gerne und länger in Neunkirchen geblieben wäre. Zu unerträglich waren die Panikattacken und das Hämmern in meinem Kopf, mein immer aggressiver werdendes Auftreten in der Öffentlichkeit. Außerdem ist mir der Tod meiner Mutter – Catherina Senz starb am 22. Oktober 1921 – sehr nah gegangen. Sie starb infolge einer Rauchvergiftung in unserer Wohnung. Man hat mir die Schuld gegeben.

Ich habe dennoch versucht, meinen Humor nicht zu verlieren. Wie damals beim Herrn Nonnenmacher, dem Besitzer des Hotel Halberg. Vor der Kellerluke lag ein Berg Koks, der darauf wartete, eingeschaufelt zu werden. »Ich schaufle Ihnen den Koks für zehn Francs in den Keller«, habe ich ihm angeboten. »Vorhin war einer da, der hätte es für fünf Francs gemacht«, hat der Geizkragen gesagt. »Na ja, dann geben Sie ihm fünf, mir fünf, und er schippt!«

In Merzig habe ich noch ein bisschen arbeiten können. Ich durfte unter Aufsicht im Garten arbeiten, Koks schaufeln und den Pflegern über meine Erlebnisse in Neunkirchen berichten. Die hatten zwar wenig Zeit, aber blieben dennoch gerne bei mir stehen, wenn ich ihnen meine Geschichten erzählte. Einige Pfleger haben sich bei den Abenteuern mit meinem Esel nicht mehr eingekriegt.

Es war im Winter, die Straßen waren glatt und der Hüttenberg steil wie immer. Der Wagen war schwer geladen und das Tier stöhnte schon, als es am Anfang der Straße stand. Ein paar Hundert Meter weiter war es aus, es streikte. Zwei Polizisten hatten Mitleid und schoben mit vereinten Kräften Wagen und Esel nach oben. Ich habe mich natürlich bei den Herren bedankt: »Ich habe gewusst, dass ein Esel allein das nicht packt.«

Die Aussage, Eduard Senz habe in Merzig noch mitarbeiten dürfen, beruht auf der Erzählung eines der Hauspsychologen der Anstalt. Er hat sich intensiv mit ihrer Historie von 1876 bis heute beschäftigt und berichtete darüber, dass eine Mitarbeit vieler Patienten normal gewesen sei. Sie wurden in verschiedenen Sparten wie der Gartenarbeit oder in Werkstätten eingesetzt. Der Hobbyhistoriker verfügt über einen großen Fundus an Foto- und Schriftmaterial.

»Schreiber, wissen Sie eigentlich, dass ich im Stadtarchiv Neunkirchen neben Ihnen gesessen habe? Ich hab mitgelesen im Saarkalender von 1928, wo ein gewisser Herr Pfeiffer schrieb«,

»Er wäre wohl ein Stolz, eine Art Eulenspiegel-Zierde seiner Heimatstadt Neunkirchen geworden, wenn der Tod dem »drolligen« Edwat nicht all zu früh die flackernde Fackel seines Geistes gelöscht hätte. In seinem ganzen Äußeren lag schon etwas Künstlerisches. Keinen Wert legte er auf gute Kleidung; eine alte Ziehharmonikahose machte seine ganze Figur und seinen eigenartigen Gang nur noch absonderlicher, als sie es von Natur schon hinlänglich waren.«

Ich möchte von diesem »Falschpfeifer« wissen, ob er Koks mit seiner guten Hose eingeschippt hat!

»In seiner Persönlichkeit vereinigte er stolz sämtliche Kunstgattungen, denn er war Musiker, Poet, Philosoph, usw. Dass dieser seltsame Kauz trotz seiner niederen sozialen Stellung, der er sich aus Neigung hingegeben hatte, doch eine gewisse Rolle in guten Kreisen spielte, wurde ihm täglich bezeugt. Die sog. bessere Gesellschaft seiner Heimatstadt lauschte mit Vergnügen seinen witzigen

Reden und schlagfertigen Antworten. Etwas, was einem im ersten Augenblick unangenehm auffallen mochte, war der kleine Sprachfehler, der den Fluss seiner Rede öfters hemmte. Wenige Jahre vor seinem Tode fristete ›Edwat‹ sein Leben als armer Kohlenfuhrmann. Nach der schweren Tagesarbeit, bei der ihn sein treuer Esel gutmütig unterstützte, setzte er sich, höheren Gedanken hingegeben, stets willkommen an den feuchtfröhlichen Stammtisch und wusste sofort die Stimmung zu heben.«

Es hat mich gestört, dass er mich totgeschrieben hat, aber vielleicht hat ihm irgendwer den Floh ins Ohr gesetzt. Und ich Poet, Philosoph? Höchstens Überlebenskünstler mit viel Phantasie und wenig Geld. Die sog. bessere Gesellschaft hat manchmal darauf gewartet »besser« unterhalten zu werden, und dabei ist für mich an ihren Stammtischen manches Bier und mancher Schnaps ausgegeben worden. Meine mir zugedachten »höheren Gedanken« bewegten sich meistens um die Freigebigkeit der besseren Herren, um mein Überleben, meinen Wagen und nicht zuletzt meinen manchmal verdammt störrischen Esel! Und ich hätte mich aus Neigung meiner niederen sozialen

Stellung hingegeben? So ein Quatsch, ich habe nichts anderes gekonnt und gelernt! Dennoch erzählt er eine Geschichte über mich, die trotz meiner »niederen sozialen Stellung« passiert sein soll:

»In einem besseren Lokale in Saarbrücken rauchte er seinen Tabak und spuckte dabei andauernd neben sich. Der dienende weibliche Geist stellt ihm, hierdurch angeekelt, einen Spucknapf hin, den ›Edwat‹ großzügig übersah. Sein Sputum fliegt auf die entgegengesetzte Seite. »Das ist ja zum Tollwerden«, ruft verärgert das Servierfräulein, und bringt den Napf auf die vermeintlich richtige Seite, worauf Eduard kühn bemerkt: »Wenn du mir den Napf nicht wegstellst, dann spuck ich hinein, verstehst du!«

Ein Musiker, Poet und Philosoph, der so etwas tut, pfui! Ich kann mich daran nicht erinnern, und darüber hinaus halte ich das für unmöglich, denn Geld, um in ein besseres Lokal zu gehen, dazu noch in Saarbrücken, hatte ich nie.

Solche und ähnliche Geschichten gibt es zahlreiche und immer fällt einem noch eine andere dazu ein. Sie erheitern Stammtische und Straßengespräche und tragen dazu bei, diesen Neunkircher Menschen als Clown, Eulenspiegel, Kohlenfuhrmann und Kofferträger bleibend in Erinnerung zu behalten, bei der Bronze im Hammergraben stehen zu bleiben und darüber nachzudenken, was dieses Bild, »Eduard Senz«, sitzend auf einem Koffer, auf der rechten Ecke dessen seine Mütze, seine übergroße linke Hand als »Hörverstärker« hinterm Ohr, bezwecken möchte.

Abbildung: Das Ohr am Menschen

1941, im Jahr seiner Ermordung in Hadamar, gab es einen Artikel in der Saarländischen Tageszeitung mit der Überschrift:

Ein Träger des Neunkirchener Volkshumors
Senz Eduard, ein Neunkirchener Original
»Dienstmann Nr. 2« nannte er sich, aber sein größter Dienst lag in der Verbreitung der Fröhlichkeit

Vor einer Reihe von Jahren starb in Neunkirchen ein Mann, dessen Lebensbeschäftigung einfach und ohne besondere Bedeutung war, jedenfalls die anderer Volksgenossen nicht übertraf. Und doch kannte ihn jeder in Neunkirchen und seiner Umgebung, und solange man hier Schnurren, Späße und witzige Anekdoten erzählen wird, wird sein Name nicht vergessen werden: Senz Eduard, Neunkirchens größter Witzbold und Genie des Frohsinns. »Dienstmann Nr. 2« nannte er sich, denn er wartete am Bahnhof auf die Züge und beförderte das Gepäck der Reisenden zu den paar Hotels, die es hier gab.

Wir wollen hier nicht eine Zusammenstellung der Schnurren und der heiteren Anekdötchen geben, die über Senz Eduard im Umlauf sind. Jede größere Stadt hat einen Mann, dem sie all die heiteren Geschichten aufbürdet, die sich im Laufe der Jahre zutragen. So existiert für Trier der »Mathes«, Köln braucht für seinen Humor gleich ein Doppelgespann u.s.w. Uns kommt es darauf an, ein wenig ins Seelische dieses Mannes hineinzusteigen, in jene Atmosphäre des Gemüts, in der all die kleinen Histörchen wie liebliche Sommerwolken entstanden und ihren Weg nahmen in die Öffentlichkeit. Betrachtet man Eduards Bild, so fällt etwas Moserhaftes in seinem Antlitz auf. Es ist die gleiche Güte und Herzenswärme, die Voraussetzungen sind für ein frohes Gemüt und eine Heiterkeit, die die Mitmenschen erfaßt. Und doch, wenn der Witz nicht gerade sprüht, liegt eine leichte Melancholie über den Zügen, wie sie sich einstellt, wenn man sich so herzlich ausgelacht hat, wenn der geheimnisvolle Stoff, der sich in uns sammelt, verbrannt ist im fröhlichen Gelächter, und wir wieder des Ernstes dieser Welt bewusst werden.

Senz Eduard markierte geschickt die Einfalt des Geistes. Hinter der lodernden Maske, mit der er seine Geschichten erzählte, stand das Lächeln eines Mannes, der es besser wußte. Man hat ihn gerne »angedreht«, wie man zu sagen pflegt. Aber wir zweifeln, ob die Antworten, die Eduard gab, nicht Hereinfälle für die Fragenden bedeuteten, so einfältig sie zuweilen gegeben wurden.

Er hatte den Schalk im Nacken sitzen. Vor der Synagoge stand er erstaunten Blicks. Man fragte ihn, was es da zu sehen gebe. »Steht da nicht oben »Eingang nur für die Gerechten«? »Gewiß«, antwortete man. »Wo aber gehen die Juden hinein?« fragte der frühe Antisemit.

Abbildung: Synagoge in Neunkirchen (links)

Ich habe den »Judenwitz« bewusst stehen lassen, zumal unter der Überschrift »Er hatte den Schalk im Nacken«. Ich war lange Zeit und beim Lesen und Wiederlesen des Artikels geneigt, ihn wegzulassen, was dem Trend der damaligen Zeit nicht gerecht geworden wäre, schreiben die Historiker doch folgendes über Antisemitismus. Zitat aus: DER BROCKHAUS in fünfzehn Bänden, A bis Bau: »Seit dem Ende des 19. Jahrhunderts gewann der rassistische Antisemitismus vor allem in Deutschland, Österreich-Ungarn und auch in Osteuropa wachsenden politischen Einfluss.«.

War ich Antisemit? Ich habe mich mit dem Thema kaum befasst. Ich hatte händevoll zu tun, die Koffer und Kohle herumzufahren und habe höchstens mal im Chor der Verunglimpfenden »mitgesungen«. Ich habe übrigens die meisten Koffer von jüdischen Vertretern getragen und »wes Brot man isst, des Lied man singt.« Und das galt natürlich auch für die »Neunkircher Gesellschaft«, wenn die von Saarbrücken oder von irgendwoher und ziemlich heiter nicht mehr imstande war, ihre Koffer nach Hause zu bringen. Die waren schwer, aber als Trost haben die mir Geschmuggeltes zugesteckt.

Einst hatte Eduard Kaffee mit über die Grenze genommen. Fürs Verzollen schien er keine Sympathie zu haben. Als ihn also der französische Zollwächter fragte, was er in seinem Säcklein habe, antwortete er: »Ziegenfutter.« Dann musste er öffnen und man fand den Kaffee. »Das ist doch kein Ziegenfutter!« schnaubte der Zollgewaltige. »Wenn meine Geiß das Zeug dort nicht frisst, dann kann sie was erleben«, soll da Eduard Senz mit der größten Seelenruhe der Welt gesagt haben.

Eine andere Geschichte spielte sich im Zug ab. Eduard sitzt einer alten, hageren Dame gegenüber. Sein Hund beschnuppert die dünnen Beine der Frau, die sich empört an Eduard wendet: »Würden Sie Ihren Hund zur Ordnung rufen!« Kurz danach schnuppert das Tier noch einmal an den Beinen der Frau, die jetzt wütend protestiert. Woraufhin Eduard: »Bello, komm her, du kriegst zu Hause einen besseren Knochen!«

In der Metzgerei klaut der Hund einen Lyoner. Der Metzger: »Pfeif deinen Hund zurück!« Eduard: »Pfeif du doch deinen Lyoner zurück!«

Solche und ähnliche Geschichten, nette und gröbere Scherze, kursieren zu Hunderten über den

»Sense Eduard«. Auf seine Schultern lud man natürlich auch vieles, woran er gewiss unschuldig war. Aber wenn heute an einem Neunkircher Stammtisch das Witze erzählen losgeht, fragt der Wortführer sicher: »Wisst ihr, wie der Sense Eduard …,«

So hat ein Neunkircher Original nicht nur seine Gegenwart erfreut, sondern auch uns als Hinterlassenschaft einen Bündel an Geschichten vererbt, die überall dort auch heute und für eine lange Zukunft ihre unwiderstehliche Wirkung tun, wo »fröhliche« Menschen zusammensitzen.

Hat der Schreiber, der Journalist, der Redakteur 1941 nicht gewusst, dass ich nicht eine Reihe von Jahren zuvor starb, sondern 1939 mit elf weiteren Patienten in ein Krankenhaus eingeliefert wurde und dass wir später, mit dreiundsiebzig anderen Patienten aus der Anstalt Merzig in die Landesanstalt Herborn, in Hessen verfrachtet wurden, von wo aus man uns nach Hadamar transportierte?

Und dann sind wir ausgestiegen aus stinkenden Bussen, grau, eng und unbequem. Sie fuhren in eine Garage, wo wir, frierend und hungrig, in Reihen aufgestellt wurden. Wir sehnten uns danach, uns endlich waschen zu können, zu schlafen, etwas zu trinken und Brot zu essen. Um uns herum schreiende Wachmänner, die uns mit Maschinengewehren und Schlagstöcken zur Eile antrieben. Ich frage mich, ob man uns, armseligen Haufen, für gefährlich gehalten hat!

Wir standen an den Wänden der Garage und haben uns die Hände gehalten. Die meisten von uns wurden zum Duschen geschickt. »Du nicht!« schnauzte einer der Wachmänner, »der Duschraum ist voll, »du gehst mit den restlichen bis morgen auf Krankenstation. Leg' deine Kleider ab, hier ist dein Nachthemd.« Das war viel zu kurz und erinnerte mich an eine Geschichte mit Herrn Stummbillig, für den ich eines Tages eine kleine Arbeit verrichten sollte. Ich war schnell fertig und fragte ihn, ob ich noch was für ihn tun könne, woraufhin er mir sagte, ich solle in den ersten Stock gehen und meinen Hintern aus dem Fenster hängen. So was! Nach einer kurzen Zeit bin ich wieder hinunter und ihm, gerade beschäftigt einen Kunden zu verabschieden, fiel ein, was er von mir gewollt hat und fragte: »Na, wie war's?« »Och«, habe ich geantwortet, »ein bisschen kühl, aber die Leute haben hoch geschaut und gesagt: »Guten Tag, Herr Stummbillig.«

Tapeten, Gardinen,
Teppichböden, Teppiche,
Stummbillig
heimdecor
Stummbillig
TEPPICHBODEN
BODENBELÄGE
GARDINEN
TAPETEN
SB VU 150
NK MS 784

Am nächsten Tag hat mich der Doktor untersucht und schickte mich anschließend zum Duschen. Es kam kein Wasser, nur Dampf. Ich hatte das Gefühl, als ob mein Vater neben mir stand und sagte: »Atme durch die Nase ein!« Ich atmete durch die Nase ein, spürte einen fürchterlichen Schmerz, fiel um und schlief ein.

Als ich aufwachte, sah ich den »Großen Baumeister«. Er winkte mir freundlich zu und fragte, ob ich die vielen herumstehenden Koffer der Neuankömmlinge in die verschiedenen Abteilungen tragen würde. «Gerne, aber darf ich dich zuerst was fragen?« Er setzte sich neben mich und fing an, meine Frage zu beantworten, die ich noch gar nicht gestellt hatte. »Eduard«, sagte Er, »mein lieber Eduard, du willst wissen, ob ich das alles hätte verhindern können? Weißt du, ich habe einmal zu den Menschen gesagt, dass ich ihnen ihren freien Willen lasse. Natürlich habe ich eine Gebrauchsanweisung dazu gegeben.

»Was für eine Gebrauchsanweisung?«

»Ich habe ihnen unter anderem Folgendes gesagt:

Du sollst deinen Vater und deine Mutter ehren, und damit meinte ich auch das Land in und auf dem du lebst.

»Und was haben die daraus gemacht? Sie haben

die Böden unfruchtbar gemacht, die Wälder gerodet und verbrannt. Sie haben Völker von ihren angestammten Gründen vertrieben, indem sie sie verjagten und ermordeten, sie haben Straßen und Plätze mit dem Blut der Getöteten getränkt, Väter, Mütter und Kinder umgebracht und das alles nur, um ihre Taschen zu füllen und Macht auszuüben!«

Du sollst nicht töten.

»Schon vor hunderttausenden von Jahren haben sich die Menschen in Stammesfehden und Kriegen, aus Habsucht und mit Rachegelüsten, aus Hass und Neid getötet. Ich habe mich abwenden müssen. Es ist mir speiübel geworden.«

Du sollst nicht stehlen.

»Wenn ich alle Menschen, die jetzt auf der Erde herumlaufen fragen würde, wer noch nie gestohlen hat, würden die sofort und massiv gegen meine nächste Anordnung verstoßen.«

Du sollst deine Mitmenschen nicht belügen.

»Lieber Eduard, ich habe oft darüber nachgedacht, ob es ein Irrtum war, Großer Baumeister zu sein und ob ich meine Pflichten versäumt habe. Ich bin zutiefst traurig, dass die Menschen so fahrlässig mit meinen Gebrauchsanweisungen umgegangen und es demnach

kaum wert sind, länger auf der Erde herumzuspazieren und Grund und Boden, Vater und Mutter nicht zu ehren, überall und täglich zu töten, ihre Frauen und Männer zu betrügen, stehlen, was die Taschen tragen können und lügen, dass sich die Balken biegen. Siehst du, Eduard, warum ich an mir selbst zweifle? Dich hat man getötet, weil man dich als »unwertes Leben« bezeichnet hat. Wer kommt um Himmelswillen zu einem solchen menschenverachtenden Ausdruck! Wie müssen sich die Hunderttausende Mütter gefühlt haben, als sie ihre Töchter und Söhne als »unwertes Leben« bezeichnet hörten. Aber, weißt du Eduard, so lange es noch eine Handvoll Menschen gibt, die zumindest versuchen, meine Rezepte zu Medizin fürs Leben zu machen, lohnt es sich Baumeister zu sein.«

*Ich habe anschließend mehr als hunderttausend Koffer der Neuankömmlinge in alle Ecken der Räume des »Großen Baumeisters« getragen. Ich habe jüdische Vertreter getroffen, deren Koffer ich früher in die Hotels »*ROTHSCHILD*« und »*HALBERG*« brachte. Sie haben unschöne Geschichten erzählt. Ich habe mit Roma und Sinti – wir nannten sie »Zigeuner« – gesprochen. Ihre Geschichten unterschieden sich kaum von denen der Juden, die man millionenfach* *vergaste. Ich habe von Jungen und Mädchen gehört, die es damals wagten, sich mittels Flugblättern gegen das NS-Regime zu stellen, deshalb und ohne Form von Prozess an die Wand gestellt und erschossen wurden. Ich habe Offiziere gesehen, die Widerstand leisteten, und die Heerscharen von Soldaten und Zivilisten, die ihr Leben ließen und jetzt fröhlich und ohne Beschwerden »hier oben« ihre Dienste verrichten.*

Authentisch ist das alles nicht oder, um es milder auszudrücken, nicht alles ist authentisch, aber ungefähr so könnte die Geschichte von Franz Carl Eduard Senz »da oben« abgelaufen sein. Und weil wir uns an ihn erinnern wollen, steht er als Mahn- und Erinnerungsmal im Neunkircher Hammergraben, flankiert von Bank, Café, Gasthaus und Apotheke. Dort verbreitet er, und jetzt ganz befreit und unbeschwert, gute Laune und hört genau zu, was wir über ihn, über uns und über andere erzählen.

Nachwort

Es ist eine tragikomische Geschichte geworden.

Es ist die Geschichte über einen von uns, der jetzt als Bronzestatue in unserer Mitte steht. Es ist eine Neunkircher Geschichte.

Von vielen Seiten wurden mir bei meiner Arbeit Hilfe und Einblick gewährt und darum danke ich ganz herzlich:

1. Dem Stadtarchiv Neunkirchen und ihrer Leiterin, Frau Susanne Neis.
2. Herrn Werner Raber, der mir über »sein Neunkirchen« erzählte und mir seine Bilder zeigte.
3. Herrn Ludwig Stockinger.
4. Herrn Werner Schorr, der die Bronze schuf, und somit ein schönes Denkmal zugunsten einer glücklicheren Zukunft aller Menschen.
5. Dem Historischen Verein Stadt Neunkirchen e.V. mit seinem unendlichen Schatz an Wissen, Sammlungen, Bildern und Geschichten.
6. Herrn Dr. Georg Lilienthal von der Gedenkstätte Hadamar.
7. Allen Damen und Herren Neunkircher, die mir das erzählten, was sie aus Eltern- und

Großelternerzählungen hörten und mir weiter gaben.

8. Frau Alwine Simon, der Fotografin, die viele Bilder der Neuzeit machte.
9. Herrn Dieter Robert Bettinger, der viel weiß über Ottweiler, Mainzweiler, Wiebelskirchen und ihre Historie.
10. Herrn Schmitt, Psychologe im Merziger Krankenhaus, der Großartiges tut für die Historie der Anstalt.
11. Herrn Horst Schwenk, mit seinem endlosen Schatz an Bildern von Alt-Neunkirchen.
12. Claire und Helmut Sutter für die kleine Geschichte und den schönen Nachmittag.
13. Herrn Thomas Störmer von der edition schaumberg für etliche Fotos, die Gestaltung des Buches und seine »strenge« Korrektur.

Es ist die Geschichte eines Mannes, den Sie als »Eulenspiegel«, »Clown«, »Spaßmacher« , »Sense Eduard« und jetzt sogar als »Horschepitt« kennen und der nichtsdestoweniger als bedauernswerte Kreatur in der deutschen Fehlkultur des Dritten Reiches als »unwertes Leben« sein Ende fand.

Der Autor dieses Buches, *André Noltus*, wurde 1939 im niederländischen Almelo geboren, verliebte sich 1964 in Nora und Deutschland und ist bis jetzt beiden treu geblieben. Er schrieb zahlreiche Publikationen, Zeitungsartikel, Kolumnen, Kurzgeschichten und Bücher – in den letzten Jahren über und in Neunkirchen.